Die Reihe »Spirituelle Wege« präsentiert essentielle Texte aus verschiedenen Zeiten, Kulturen und Religionen. Alle Titel verbindet eine gemeinsame Botschaft: Der Grund unseres Universums ist eine umfassende liebende Kraft, die unser Begriffsvermögen übersteigt und der wir uns daher nur durch partielle spirituelle und geistige Erkenntnisse nähern können.

Die vorliegenden Weisheitsbücher entstammen folgenden Kulturen und Religionen: Konfuzianismus, Hinduismus, Buddhismus, Christentum, Judentum und Islam. Als Klassiker der Spiritualität sprechen die Bände dieser Reihe unseren Geist, unsere Seele und unseren Körper an. Gerade wenn wir uns im Grenzbereich zwischen Körper und Geist bewegen, stellen wir fest, daß Materie und Geist keine Gegensätze sind, sondern verschiedene Ausdrucksebenen *einer* Kraft.

Mit dieser Pocketreihe wünschen wir Ihnen gute Reise auf *Ihrem Weg*.

SPIRITUELLE WEGE

Herausgegeben
von Gerhard Riemann

BHAGAVADGITA

Aus dem Sanskrit übersetzt
von Jürgen Dünnebier

Knaur

Dieses Buch wurde auf chlor- und säurefreiem Papier gedruckt.

Originalausgabe Januar 1996

Umschlaggestaltung Graupner & Partner, München
Umschlagabbildung Archiv für Kunst und Geschichte, Berlin
Satz DTP br
Druck Himmer, Augsburg
Bindung AIB, Augsburg
Printed in Germany
ISBN 3-426-86100-3

2 4 5 3 1

Inhalt

Einleitung

Zur vorliegenden Ausgabe

Mit dieser neuen, leicht gekürzten Übersetzung der Bhagavadgita ergänzen wir unsere Reihe »Spirituelle Wege« um das wohl wichtigste Werk des umfangreichen hinduistischen Schrifttums. Dieser »Gesang Gottes« gilt mit Recht als Bibel der Hindus, da er sich aufgrund seiner klaren und zum Teil poetischen Darstellungsweise besonders gut für Studium, Erbauung und religiöse Zwecke eignet. Um dem westlichen Leser den Zugang zu erleichtern und den allgemeingültigen philosophischen Inhalt deutlich darzustellen, haben wir bewußt auf allzu spezifische kulturelle und mythologische Passagen verzichtet und eine gut verständliche Sprache gewählt.

Die Rahmenhandlung

Die Bhagavadgita gehört erstaunlicherweise nicht zu den eigentlichen vedischen Schriften. Die vier Vedas (wörtlich: Wissen) sind die ältesten Überlieferungen der Hindus und gelten als von den alten Sehern geschaute göttliche Offenbarung. Die Gita, wie sie kurz genannt wird, faßt die wichtigsten vedischen Lehren zusammen und wird durch Krishna, den auf der Erde inkarnierten höchsten Gott, verkündet. Sie ist ein winziger Teil des Mahabharata, des großen Epos vom Bharata-Geschlecht, und ein Dialog zwischen Krishna und seinem Vetter und Vertrauten Arjuna, der anläßlich der Schlacht um die Thronfolge im Reich des blinden Königs Dhritarashtra bei Krishna Rat sucht.

Pandu, der jüngere Bruder des Königs, hatte zu seinen Lebzeiten die Geschäfte des Königreichs geführt. Mit seinen beiden Frauen hatte er fünf Söhne, die Pandavas, unter ihnen der tapfere Krieger und Bogenschütze Arjuna. Diese wuchsen gemeinsam mit den hundert Söhnen des Dhritarashtra, den Kauravas, am Hofe auf. Die Kauravas waren den Pandavas von vornherein nicht wohlgesinnt, und ihre Mißgunst steigerte sich noch, als einer der Pandavas nach dem Tode des Vaters zum Thronfolger ernannt wurde. Durch Intrigen versuchten sie, ihre Vettern auszuschalten, doch all ihre Pläne wurden vereitelt. Somit ist schließlich der Krieg unvermeidlich geworden, und zu Beginn der Gita stehen sich die Heere gegenüber. Krishna ermutigt den mitfühlenden Arjuna durch seine Ausführungen zum Kampf, und die Pandavas gehen nach 18 Tagen siegreich aus der Schlacht hervor. Wiedergegeben wird der Dialog von Dhritarashtras Minister Sanjaya, dem die Gabe der Hellsichtigkeit verliehen worden war.

Philosophische Grundbegriffe

Als Teil des großen Epos ist die Gita kein streng philosophischer Text, dennoch verwendet sie einige wichtige Begriffe, die für das indische Denken grundlegend sind. Das höchste geistige und allumfassende Prinzip ist einerseits das *Brahman*, die Weltseele, der Urgrund allen Seins, und andererseits ein persönlicher höchster Gott, der sich hier als *Krishna* auf der Erde inkarniert hat. Die Gita gewährt somit beiden Denkrichtungen interpretatorischen Spielraum.

Das Dasein besteht aus zwei grundlegend verschiedenen Bereichen: dem rein geistigen Prinzip und dem Bereich der Materie bzw. der Natur, die alle Verschiedenheit – auch die der psychischen Phänomene – umfaßt. Die Natur besteht aus drei Grundkräften, den drei *Gunas* (vgl. Kap. 14), die durch ihr Zusammenspiel den gesamten Bereich der Gestaltungen hervorbringen. Der Geist wird durch Identifikation mit der Materie an den Kreislauf von Tod und Wiedergeburt gebunden und strebt somit nach Befreiung, da alle materiellen Freuden ja endlich und deshalb nicht wirklich befriedigend sind.

Das materielle Prinzip ist genauso ewig wie das geistige. Die Welten werden zyklisch geschaffen und aufgelöst. Eine Weltenperiode dauert einen Tag Brahmas (des Schöpfergottes), der Tausende von Zeitaltern umfaßt. Am Ende des Tages löst sie sich in die Urmaterie auf und ruht dort für die Dauer einer Nacht Brahmas.

Die Qualität des Lebens hängt von den guten oder schlechten Taten, dem *Karma* des Menschen, ab. Jede Tat erzeugt eine Wirkung, die auf den Handelnden zurückkommt, und er erntet diese als Früchte in seinem derzeitigen oder zukünftigen Leben bzw. in den endlichen Welten des Himmels oder der Hölle. Es gilt, diese Bindung an das Karma und damit die Welt durch den *Yoga* der Gleichmut und des Verzichts auf die Früchte bzw. durch verschiedene Formen der Meditation aufzulösen.

Zur Aussprache

ch = tsch
j = dsch
sh = sch

1. Kapitel

Arjunas Verzweiflung

König Dhritarashtra läßt sich von seinem hellsichtigen Minister Sanjaya den Hergang der Schlacht zwischen den beiden verfeindeten Familienzweigen erzählen. Die Kauravas sind sich zwar ihrer zahlenmäßigen Überlegenheit bewußt, sehen sich aber mit den besseren Kriegern auf der Seite der Pandavas konfrontiert. Um sich Mut zu machen, stimmen sie ein großes Schlachtgetöse an, welches von der Gegenpartei kräftig erwidert wird.

An diesem kritischen Punkt läßt sich Arjuna von seinem Gefährten und Wagenlenker Krishna zwischen die beiden Heere fahren, um sich seine Gegner genau zu betrachten. Der Anblick der nahen Verwandten, Freun-

de und Lehrer stürzt ihn in einen schweren Konflikt zwischen Mitleid und Pflichtbewußtsein. Als Angehöriger der Kriegerkaste und der Herrscherfamilie muß er einerseits seiner Schutzpflicht dem Land und der Bevölkerung gegenüber nachkommen, und andererseits will er als liebender Mensch nicht das Leben vieler ihm Nahestehender vernichten.

2. *Kapitel*

Der Yoga der Erkenntnis

Der Erzähler Sanjaya:

Zu dem niedergeschlagenen, von Mitleid überwältigten Arjuna sprach Krishna folgende Worte:

Krishna:

Wie kann dich in diesem Moment der Gefahr eine solch unwürdige Schwäche überkommen, o Arjuna? Sie bringt dich um deinen Ruhm und die zukünftigen Freuden im Himmel. Sei ein Mann und Krieger! Ergib dich nicht dieser ungebührlichen Herzensschwäche, und erhebe dich!

Arjuna:

Wie könnte ich gegen den verehrungswürdigen Bhisma und Drona in die Schlacht ziehen? Da wäre selbst ein armseliges Bettlerdasein besser, als diese hochgeachteten Lehrer zu erschlagen. Töte ich aber die Lehrer, so bleiben mir in dieser Welt nur blutbefleckte Reichtümer und Freuden.

Und wir wissen nicht einmal, was besser ist: Sieg oder Niederlage? Die Söhne Dhritarashtras sind vor uns angetreten. Wie könnten wir mit der Schuld an ihrem Tod weiterleben? Ich bin hilflos und weiß nicht mehr, was Recht und Unrecht ist. So frage ich dich: Was ist das Beste? Nimm mich als deinen Schüler an, und belehre mich! Nicht einmal die Herrschaft über die Erde oder selbst Macht über die Götter könnten meinen Kummer vertreiben.

Der Erzähler Sanjaya:

So sprach Arjuna zu Krishna, und bevor er verstummte, fügte er noch hinzu: »Ich werde nicht kämpfen.« Da wandte sich Krishna erhaben lächelnd an ihn, der verzweifelt zwischen den beiden Fronten saß, und sprach:

Krishna:

Du sprichst Worte der Weisheit, sorgst dich aber gleichzeitig um die, die keiner Sorge bedürfen. Die Weisen betrauern weder die Toten noch die Lebenden.

Es gab nie eine Zeit,
wo weder ich noch du, noch diese
  Herrscher
nicht existierten,
und es wird nie eine Zeit geben,
wo wir nicht mehr existieren werden.

Der Träger des Körpers, das Selbst,
  erlebt
Kindheit, Jugend und Alter,

danach erlangt es einen neuen
Körper.
Dies betrübt den Weisen nicht.

Das, was Freude und Leid, Wärme und Kälte hervorruft, sind die Berührungen der Sinne mit den Elementen. Sie kommen und gehen, sie sind unbeständig. Ertrage sie gleichmütig, o Nachfahre des Bharata! Weise ist der, den diese nicht erregen und für den Freude und Leid gleich sind. Er ist für die Unsterblichkeit reif.

Weder entsteht Sein aus Nichtsein, noch entsteht Nichtsein aus Sein. Diese beiden halten die Seher der Wirklichkeit genau auseinander. Das, was das gesamte Universum durchdringt, ist unvergänglich. Niemand kann dieses Unvergängliche vernichten. All diese Körper des ewigen, unzerstörbaren, unbegreifbaren Körperträgers haben ein Ende. Deshalb kämpfe, o Nachkomme des Bharata!

Einige betrachten ihn, den Körperträger, das Selbst, als den Töter, andere als den Getöteten; beide kennen die Wahrheit nicht.

Weder tötet er, noch wird er getötet. Weder wird er geboren, noch stirbt er jemals. Da er bereits existiert, wird er nie wieder nichtexistent. Er ist ungeboren, ewig, gleichbleibend, uralt. Er wird nicht getötet, wenn der Körper getötet wird. Wie kann ein Mensch, der weiß, daß dieses Selbst unzerstörbar, ewig, ungeboren und unvergänglich ist, überhaupt töten?

Der Mensch legt abgetragene Kleider ab
und zieht andere, neue an.
Genauso streift der Körperträger alte ab
und geht in neue Körper ein.

Waffen verletzen ihn nicht,
Feuer verbrennt ihn nicht,
Wasser benetzt ihn nicht, und
Luft trocknet ihn nicht aus.

Unverletzbar, unbrennbar,
unbenetzbar und unaustrockenbar
ist er ewig, alldurchdringend, fest,
unbeweglich und immerwährend.

Die Schriften bezeichnen ihn als unmanifest, undenkbar und unveränderlich. Da du ihn als so beschaffen kennst, solltest du nicht bekümmert sein. Doch selbst wenn du meinst, er wird ewig wiedergeboren und stirbt, so solltest du nicht betrübt sein, denn dem Geborenen ist der Tod sicher und dem Gestorbenen die Geburt. Deshalb nimm das Unvermeidliche hin.

Unsichtbar ist der Anfang der Wesen,
sichtbar ihre Mitte.
Wieder unsichtbar ist ihr Ende.
Was gibt es hierbei zu beklagen?

Der eine sieht das Selbst als Wunder,
der andere spricht von ihm als
wunderbar.
Wieder ein anderer hört von ihm als
Wunder,
und dennoch kennt ihn dadurch nicht
ein einziger.

Der Körperträger, der im Körper eines jeden vorhanden ist, kann niemals getötet werden, o Nachkomme des Bharata. Deshalb solltest du keines der Wesen betrauern.

Auch in Anbetracht deiner Kastenpflicht solltest du nicht wanken, denn für einen Krieger gibt es nichts Besseres als einen rechtmäßigen Kampf. Glücklich sind die Krieger, denen sich eine solche Schlacht bietet. Sie öffnet ihnen Tür und Tor zum Himmel. Wenn du aber diesen rechtmäßigen Kampf nicht führst und damit deine Pflicht vernachlässigst und deinen Ruhm aufgibst, erwirbst du schlechtes Karma.

Außerdem werden sich die Menschen über deine unauslöschliche Schande das Maul zerreißen, und für einen Geachteten ist Schande schlimmer als der Tod. Die großen Krieger werden denken, du hättest dich dem Kampfe aus Furcht entzogen, und du wirst die Verachtung derer auf dich ziehen, die dich bisher hochgeschätzt haben. Auch deine Feinde werden viele abschätzige Worte sprechen und deine Fähigkeiten verhöhnen. Was könnte es Schlimmeres geben? Solltest du getötet werden, wirst du die Freuden des Himmels genießen; solltest du aber siegen, so wird dir die Erde zu Füßen liegen. Deshalb erhebe dich und kämpfe entschlossen!

> Freude und Leid, Gewinn und Verlust,
> Sieg und Niederlage als gleich
>   ansehend,
> mach dich bereit zum Kampf!
> So vermeidest du schlechtes Karma.

Was ich dir bisher verkündet habe, ist die Weisheit intuitiver Erkenntnis; höre nun das Wissen des praktischen Yoga, mit Hilfe dessen du die Bindung an das Karma zerschlagen wirst. Bei diesem Yoga trägt jede kleine Mühe Frucht und ist völlig unschädlich. Schon ein klein wenig Übung erlöst von großer Furcht. Wichtig hierbei ist die innere Ausrichtung auf ein einziges Ziel. Vielverzweigt und endlos ist der Geist der Unentschlossenen.

Entschlossenes Denken entsteht nicht im Geist derer, die an Freuden und Macht hängen, die hingerissen sind von den blumigen Worten der Unwissenden, die sich der heiligen Vedasprüche erfreuen und behaupten, es gäbe nichts anderes. Erfüllt von Begierde und nach dem Himmel strebend, versprechen sie gute Wiedergeburten als Frucht von Handlungen und ergehen sich in der Beschreibung spezieller Rituale zum Erlangen von Genuß und Macht, o Arjuna.

Die Veden sprechen nur von der Welt
der Gestaltungen.
Laß die Gestaltungen hinter dir,
o Arjuna,
frei von Gegensätzen und vom Bangen
um Erwerb und Besitz,
ständig gegründet im Sattva und im
Selbst.

So nützlich wie der Brunnen,
wenn das gesamte Land von Wasser
überflutet ist,
so nützlich sind die Veden
dem erleuchteten Brahmankenner.

Dir steht nur die Handlung zu,
niemals ihr Gewinn.

Laß dich weder von den Früchten des
Handelns leiten,
noch ergib dich dem Nichthandeln.

Gegründet im Yoga, an nichts
hängend,
gleichmütig bei Erfolg und Mißerfolg,
handle!
Denn Gleichmut ist Yoga.

Gewöhnliches Handeln ist gegenüber dem Yoga der Einsicht weitaus geringer, o Arjuna. Suche Zuflucht in der Einsicht. Armselig sind die nach den Früchten der Handlung Trachtenden. Der Einsichtige gibt für den Rest seines Lebens die Bindung an die guten sowie die schlechten Taten auf. Deshalb betreibe Yoga, denn Yoga ist die wahre Kunst des Handelns.

Denn wenn die Weisen die Früchte des Handelns aufgegeben haben, gehen sie im Besitz der Erkenntnis und befreit von der Fessel der Wiedergeburt in die von allem Leid freie Stätte ein. Wenn dein Geist das Dickicht der Verhaftung durchquert hat, wirst du Verachtung für alles das empfinden, was du noch hören wirst und was du bereits gehört hast. Wenn dein durch das Gehörte verwirrter Geist unerschütterlich und fest in der Versenkung ruht, dann wirst du Yoga erlangen.

Arjuna:

Wie, o Krishna, sieht der Mensch aus, dessen Erkenntnis gefestigt und der in der Versenkung verankert ist? Wie spricht dieser Erleuchtete, wie sitzt er und wie bewegt er sich?

Krishna:

Wer durch sich selbst allein
im Selbst Zufriedenheit findet und
alle dem Geist anhaftenden Wünsche
aufgibt,
der wird als erleuchtet bezeichnet.

Wem Unglück nichts anhaben kann,
wer von Verlangen nach Glück frei ist,

von wem Leidenschaft, Furcht und
Zorn gewichen sind,
dieser Weise wird als erleuchtet
bezeichnet.

Wer an nichts hängt,
sich über Gutes nicht freut
und unter Schlechtem nicht leidet,
dessen Geist ist erleuchtet.

Wer seine Sinne voll und ganz
von den äußeren Dingen zurück-
zieht
wie eine Schildkröte ihre Glieder,
dessen Geist ist erleuchtet.

Wer Entsagung übt,
von dem ziehen sich die Objekte
zurück,
nur der Appetit darauf bleibt.
Im Anblick des Höchsten schwindet
jedoch auch dieser.

Die Sinne sind gefährlich;
sie reißen den Geist mit sich,

selbst wenn sich der Weise bemüht,
sie unter Kontrolle zu halten.

Darum soll er sie zügeln,
indem er gesammelt dasitzt und
seinen Geist auf mich richtet.
Wer seine Sinne kontrolliert, der ist
erleuchtet.

Durch das Denken an etwas
entsteht die Neigung dazu;
aus Neigung entspringt Verlangen,
und aus Verlangen erwächst Zorn.

Zorn führt zu blinder Leidenschaft,
Leidenschaft zu Gedächtnisstörung,
diese wiederum zum Verlust der
Urteilskraft;
wer nicht urteilen kann, wird ganz
vernichtet.

Frieden erlangt der Selbstbeherrschte;
er begegnet den Dingen
frei von Liebe und Haß,
mit gezügelten Sinnen.

Und in diesem Frieden
finden alle seine Nöte ein Ende,
denn die Erleuchtung des Friedvollen
festigt sich schnell.

Für den Ungefestigten gibt es keine
Erleuchtung,
für den Ungefestigten gibt es keine
Meditation.
Wer nicht meditiert, erfährt keinen
Frieden.
Wie kann der Friedlose je wahres
Glück erfahren?

Wenn der Geist an den wandernden
Sinnen haftet,
verflüchtigt sich die höhere Einsicht
gleich einem Schiff auf dem Wasser,
das der Wind davonträgt.

Was für alle Wesen Nacht ist,
darin wacht der Gesammelte.
Worin die Menschen wachen,
das ist Nacht für den sehenden
Weisen.

Frieden erlangt nur derjenige,
der wie der Ozean unverändert bleibt,
auch wenn Wünsche wie Ströme in
ihn eintreten,
nicht aber der Genußsüchtige.

Frieden erlangt der Mensch,
der wunschlos, unberührt,
ohne Besitzdenken und bescheiden
lebt.
Das ist der Brahman-Zustand.
Darin hat sich jede Täuschung
aufgelöst.
Auch wer ihn erst am Lebensende
erlangt,
geht in die Glückseligkeit des
Brahman ein.

3. Kapitel

Karma-Yoga
Der Yoga des Handelns

Arjuna:

Wenn du Erkenntnis über das Handeln stellst, o Krishna, weshalb treibst du mich dann zu dieser schrecklichen Tat? Deine Worte befremden mich und verwirren meinen Verstand. Nenne mir klar und deutlich das eine, wodurch ich das Höchste erlangen kann.

Krishna:

In dieser Welt wurde von mir am Anfang ein zweifacher Weg gelehrt: der der Sankhyas durch den Yoga der Erkenntnis und der der

Yogis durch den Yoga des Handelns. Nicht durch das Unterlassen von Handlung erreicht der Mensch den Zustand des Nichthandelns, so wie er auch durch reine Entsagung nicht die Vollkommenheit erlangt. Niemand wahrlich existiert auch nur einen Augenblick, ohne zu handeln, denn jeder wird von den Kräften der Natur unvermeidlich zum Handeln getrieben. Wer, die Tatorgane zügelnd, dasitzt und selbstverblendet an Sinnesdinge denkt, der verhält sich falsch. Wer aber, o Arjuna, die Sinne durch den Geist kontrolliert und unverhaftet Karma-Yoga ausübt, der wird hochgeschätzt.

Tue deine Pflicht, denn handeln ist besser als nichthandeln. Ohne zu handeln, könntest du nicht einmal deinen Körper erhalten. Durch unsere Werke sind wir an diese Welt gebunden, ausgenommen rituelle Handlungen, die dem Opfer dienen. Führe, frei von Verhaftung, nur Taten aus, die diesem Zweck dienen.

Als der Schöpfer am Anfang die Wesen zusammen mit dem Opfer geschaffen hatte, sprach er: »Durch dieses sollt ihr euch fortpflanzen. Dies soll euer Wunschgewährer sein. Damit sollt ihr die Götter ernähren, und die Götter sollen euch ernähren. Indem ihr euch gegenseitig ernährt, werdet ihr das höchste Gute erlangen. Ernährt durch das Opfer, werden euch die Götter die gewünschten Genüsse gewähren.«

Wer die Gaben der Götter genießt, ohne ihnen zu opfern, der ist einfach ein Dieb. Die Guten, die die Opferreste essen, werden von aller Schuld befreit. Böses aber verzehren die Schlechten, die nur für sich selbst Speisen bereiten.

Durch Nahrung entstehen die Lebewesen, durch Regen entsteht Nahrung. Der Regen resultiert aus dem Opfer, das Opfer entspringt der Handlung. Wisse, daß die Opferhandlung auf die heiligen Schriften zurückgeht und daß die heiligen Schriften direkt aus dem Unvergänglichen kommen. Deshalb manifestieren sich die allumfassenden, ewigen Schriften im Opfer. Wer hier auf Erden nicht dem so in Bewegung gesetzten Rad folgt, ein schlechtes Leben führt und den Sinnen frönt, der lebt vergeblich.

Für den Menschen aber,
dessen einzige Freude das Selbst ist,
der vom Selbst erfüllt ist,
der allein im Selbst Zufriedenheit
findet,
für den gibt es nichts zu tun.

Er sieht keinerlei Zweck im Tun oder
Lassen,
und kein Wesen im Universum
könnte ihm einen Dienst erweisen.

Tue deshalb weiterhin das
Notwendige,
ohne den Dingen verhaftet zu sein,
denn ohne Verhaftung handelnd,
erlangt der Mensch das Höchste.

Nur durch Handeln strebten der weise König Janaka und andere nach Vollendung. Außerdem könntest du, ohne zu handeln, das Volk nicht führen, denn was ein hervorragender Mensch tut, das ahmen die anderen nach. Die Welt folgt dem Maßstab, den er setzt.

Für mich, o Arjuna, gibt es in den drei Welten weder etwas zu tun noch etwas zu erreichen, was noch unerreicht wäre, und dennoch handle ich! Wenn ich nicht ständig unermüdlich handelte, würden diese Welten untergehen, da die Menschen ja in allem meinem Beispiel folgen. Ich würde die Vermischung der Kasten verursachen und diese Wesen vernichten.

Die Unwissenden handeln
und sind diesem Handeln verhaftet.
Der Wissende jedoch sollte
unverhaftet und zum Wohle der Welt
tätig sein.

Nicht verwirren möge der Wissende
die dem Handeln Verhafteten.
Er sollte sie zum Tun ermuntern,
indem er selbst mit Hingabe wirkt.

Alle Handlungen werden nur von den Kräften der Natur ausgeführt. Der Mensch, der vom Ichbewußtsein verblendet ist, denkt: »Ich bin der Handelnde.« Wer aber die verschiedenen Kräfte und ihre Aktivitäten kennt und weiß, daß die Kräfte nur innerhalb ihres Bereiches aufeinander wirken, der ist nicht verhaftet.

Diejenigen, die von den Kräften der Natur verblendet sind, sind vom Wirken dieser Kräfte abhängig. Wer aber all diese Zusammenhänge kennt, möge die Einfältigen nicht von ihrer beschränkten Sichtweise abbringen.

> Kämpfe ohne Fieber,
> frei von Hoffnung und Identifikation,
> indem du alles Tun mir widmest und
> innerlich im Selbst ruhst.

Die Menschen, die diese meine Lehre beständig, voller Vertrauen und ohne Zweifel befolgen, auch die werden von den (oder: durch die) Handlungen befreit. Diejenigen aber, die meine Lehre nicht befolgen und sich dagegen wenden, sind gänzlich verblendet, geistlos und dem Untergang geweiht.

Selbst der Erkenntnisbesitzende verhält sich seinem eigenen Wesen entsprechend.

Alle Kreaturen folgen ihrer Natur. Was würde es da nützen, sie zu unterdrücken?

Zuneigung und Abneigung haben ihren Sitz im jeweiligen Sinnesobjekt. Niemand möge in die Gewalt dieser beiden geraten, denn sie sind seine Feinde.

Es ist besser, seine eigene Pflicht (Dharma) zu tun, auch wenn diese nicht sehr verdienstvoll ist, als die höherstehende eines anderen. Es ist besser, in seinem eigenen Dharma zu sterben; der Dharma eines anderen bringt Gefahr.

Arjuna:

Was bringt einen Menschen dazu, o Krishna, auch gegen seinen Willen Schlechtes zu tun, wie von einer Macht getrieben?

Krishna:

Verlangen und Zorn. Sie entspringen dem Rajas-Guna, verschlingen alles und sind durch und durch schlecht. Merke dir, das sind die Feinde hier auf Erden.

So wie Feuer von Rauch eingehüllt,
ein Spiegel von Schmutz bedeckt
und ein Embryo vom Schoß umgeben ist,
so ist die Erkenntnis vom Verlangen verhüllt.
Dies ist der beständige Feind der Weisen,
gierig und unersättlich.

Es sitzt in den Sinnen, dem Denken und dem Verstand. Indem es die Erkenntnis durch diese verhüllt, verblendet es das wahre Selbst. Zügele deshalb als erstes die Sinne, und töte dieses verderbliche Verlangen, das Wissen und Erkenntnis vernichtet!

Die Sinne stehen dem Rang nach über dem Körper; über den Sinnen steht das Denken, und über dem Denken steht der Verstand. Höher noch als der Verstand steht das Selbst. Wenn du somit den erkannt hast, der über dem Verstand steht, und wenn du das Selbst durch dich selbst gefestigt hast, dann erschlage, o Starkarmiger, den schwer zu bezwingenden Feind, das Verlangen!

4. Kapitel

Der Yoga des entsagungsvollen Handelns durch Erkenntnis

Krishna:

Ich lehrte diesen unvergänglichen Yoga die Sonne, die Sonne verkündete ihn Manu, und Manu gab ihn an Ikshvaku weiter. Dann lernten ihn die erleuchteten Könige. Im Laufe der Zeit aber ging dieser Yoga hier auf Erden verloren. Was ich dich heute gelehrt habe, das ist derselbe uralte Yoga. Da du mir ergeben und mein Freund bist, habe ich dich in dieses höchste Geheimnis eingeweiht.

Arjuna:

Du bist viel später geboren als die Sonne. Wie soll ich das verstehen, daß du diesen Yoga am Anfang der Schöpfung schon lehrtest?

Krishna:

Ich habe bereits viele Leben gelebt, o Arjuna, genau wie du auch. Ich kenne sie alle, doch du kennst sie nicht. Obwohl ich ungeboren, dem Wesen nach unvergänglich und Herr der Geschöpfe bin, bringe ich mich, über meine Natur herrschend, durch meine Schöpferkraft zur Entstehung.

Immer wenn die Ordnung verfällt
und die Unordnung zunimmt,
erschaffe ich mich selbst,
o Nachkomme des Bharata.
Zum Schutze der Guten,
zur Vernichtung der Übeltäter,
zur Herstellung der Ordnung,
erschaffe ich mich in jedem Zeitalter.

Wer mein göttliches Werden und
  Handeln
in dieser Weise richtig versteht,
der wird nicht wiedergeboren;
er geht direkt in mich ein.
Frei von Leidenschaft, Furcht und
  Zorn,
erfüllt von mir, bei mir Zuflucht
  suchend,
gereinigt durch das Feuer der
  Erkenntnis,
haben viele mein Sein erreicht.

Ich zeige den Menschen meine Zuneigung in dem Maße, wie sie sich mir zuwenden. Sie folgen in jeder Hinsicht meinem Weg, o Arjuna. Die nach dem Erfolg von Handlungen verlangen, opfern hier auf Erden den Göttern, denn der auf Handlungen basierende Erfolg stellt sich in der Menschenwelt schnell ein.

Ich bin der Urheber des Systems der vier Kasten gemäß den verschiedenen Fähigkeiten und Pflichten. Ich habe es zwar geschaffen, doch wisse, daß ich nichthandelnd und unvergänglich bin. Weder beflecken mich Handlungen, noch verlangt mich nach der Frucht der Handlungen. Wer mich als solchen erkennt, den binden die Handlungen nicht. Mit dieser Erkenntnis wurden auch schon früher von den nach Befreiung Strebenden Handlungen ausgeführt. Handle auch du deshalb so, wie es die Alten der Vorzeit taten!

Was ist Handeln, was ist
  Nichthandeln?
Selbst die Weisen wissen es nicht
  genau.
Ich lehre dich, so zu handeln,
daß du von allem Schlechten befreit
  wirst.
Es geht sowohl um Handlung ganz
  allgemein
als auch um unrechtes Handeln.
Ebenso mußt du Nichthandeln
  verstehen.
Das Wesen der Handlung ist ein
  großes Mysterium.
Wer im Handeln Nichthandeln und

im Nichthandeln Handeln sieht,
der ist weise unter den Menschen und
vollzieht alle Handlungen mit
geläutertem Geist.

Wessen Taten sämtlich von Verlangen und Absicht frei und im Feuer der Erkenntnis verbrannt sind, der ist wahrhaft weise. Wer das Hängen an den Früchten des Handelns aufgegeben hat, ständig zufrieden ist und von niemandem abhängig, der tut, obwohl er handelt, dennoch nichts. Wunschlos, sein Denken unter Kontrolle, auf jeglichen Besitz verzichtend und ausschließlich körperlich handelnd, erwirbt er keine Schuld. Zufrieden mit dem, was er durch Zufall erhält, über den Gegensätzen stehend, neidlos, gleichmütig bei Gewinn und Verlust, wird er, obwohl er handelt, nicht gebunden. Das gesamte Karma eines Menschen löst sich auf, wenn er unverhaftet und von der Bindung an das Handeln befreit, wenn die erleuchtende Erkenntnis in seinem Geist fest verankert ist und wenn er seine Handlungen wie ein Opfer ausführt.

Das Brahman ist das Opfer,
das Brahman ist die Opfergabe.
Das Brahman gießt die Opfergabe
in das Feuer des Brahman.
In das Brahman geht derjenige ein,
der beim Handeln ständig im Brahman
ruht.

Nach dieser symbolischen Überhöhung der äußerlichen Opferhandlung beschreibt Krishna im folgenden andere Formen des Opfers und der Läuterung, die sämtlich mit irgendeiner Art von Aktivität verbunden sind, z. B.: Götterverehrung, Zügelung der Sinne und der Atmung, Askese, Studium der heiligen Texte.

Besser als das Opfern äußerlicher
Dinge
ist das Opfer der Erkenntnis.
Jede Handlung ist ohne Ausnahme
in der Erkenntnis enthalten.

Unterwirf dich den Wissenden, die die Wahrheit erkannt haben; befrage sie und diene ihnen, so werden sie dich dieses Wissen lehren. Mit diesem Wissen wirst du nie wieder einem derartigen Irrtum erliegen, o Arjuna. Du wirst erkennen, daß alle Wesen sowohl in dir als auch in mir enthalten sind. Mit dem Boot der Erkenntnis überquert selbst der übelste aller Übeltäter das Meer der Fehlhandlungen.

So wie ein loderndes Feuer
Holz zu Asche verbrennt,
so vernichtet das Feuer der Erkenntnis
  sämtliches Karma.
Es gibt wahrlich keinen Läuterer,
  der der Erkenntnis gleichkäme.
Wer durch Yoga vollkommen
  geworden ist,
findet sie mit der Zeit von selbst
  in sich selbst.

Erkenntnis erlangt der, der ihr
  ergeben ist,
an sie glaubt und seine Sinne
  beherrscht.
Nach Erlangen der Erkenntnis

geht er bald in den höchsten Frieden
ein.
Die Unwissenden und die Ungläubigen
sowie die Zweifler gehen unter.
Für die Zweifler gibt es weder diese
Welt
noch die jenseitige, noch Glück.
Handlungen binden denjenigen nicht,
der dem Handeln durch Yoga entsagt,
der seine Zweifel durch Erkenntnis
beseitigt hat
und der sich selbst beherrscht.

Deshalb erschlage mit dem Schwert der Erkenntnis diesen Zweifel, der dich lähmt und der nur der Unwissenheit über das wahre Wesen des Selbst entspringt. Folge der Lehre des Yoga und erhebe dich, o Nachkomme des Bharata!

5. Kapitel

Der Yoga der Entsagung

Arjuna:

Du preist einerseits die Aufgabe der Handlungen, o Krishna, andererseits hältst du zum Yoga des Handelns an. Sage mir eindeutig, welches von beidem das Bessere ist!

Krishna:

Sowohl Entsagung als auch der Yoga des Handelns führen zum höchsten Gut, dennoch steht der Yoga des Handelns höher als das bloße Dem-Handeln-Entsagen. Denn die wahre Entsagung besteht darin, daß man weder haßt noch begehrt. Wer nicht in den

Gegensätzen befangen ist, wird mit Leichtigkeit von der Bindung befreit.

Nur unreife Menschen sehen einen Unterschied zwischen Erkenntnis und dem Yoga des Handelns. Wer auch nur das eine in rechter Weise ausübt, erlangt die Frucht von beidem. Die nach Erkenntnis Strebenden erlangen denselben Zustand wie die Yogis. Wer den Weg der Erkenntnis und Yoga als eins betrachtet, der besitzt die wahre Sichtweise.

Aber ohne Yoga ist die Entsagung schwer zu erlangen. Der Weise, der Yoga übt, geht schon nach kurzer Zeit in das Brahman ein. Wer Yoga übt und reinen Geistes ist, wer seine Sinne beherrscht und sein Selbst als das Selbst in allen Wesen erkennt, der wird nicht befleckt, auch wenn er handelt. Er, der die Wahrheit kennt, handelt in dem Bewußtsein »Ich tue gar nichts«, selbst wenn er sieht, hört, berührt, riecht, ißt, geht, schläft, atmet, spricht, sich entleert, Dinge ergreift, die Augen öffnet und schließt, weil er weiß, daß es sich hierbei nur um einen Vorgang zwischen den Sinnen und ihren Objekten handelt.

Wer seine Taten dem Brahman opfert und ohne Verhaftung handelt, wird vom Bösen ebensowenig befleckt wie ein Lotusblatt vom Wasser. Allein mit dem Körper, dem Denken, dem Verstand und den Sinnen führen die unverhafteten Yogis Handlungen zur Reinigung des Selbst aus.

Der im Yoga Gefestigte, der die Früchte des Handelns aufgegeben hat, erlangt den Frieden, der durch Hingabe entsteht. Der Yogalose, der von Begierden getrieben wird und an den Früchten hängt, wird gebunden.

Glückselig ruht das Selbst,
alles Handeln geistig aufgebend,
die Sinne beherrschend, im Körper,
tatenlos und nichts bewirkend.

Gott erschafft für die Welt weder Täterschaft noch Taten noch die Verbindung mit den Früchten der Taten; all dies spielt sich im Bereich der Manifestation ab. Gott nimmt weder die schlechte noch die gute Tat von irgend jemandem an.

Das Wissen wird von der Unwissenheit verdeckt; durch sie werden die Sterblichen getäuscht. Bei wem diese Unwissenheit aber durch die Erkenntnis des Selbst vernichtet worden ist, bei dem erleuchtet die Erkenntnis wie die Sonne das Höchste. Wer seinen Geist darin gegründet hat, dies als sein Selbst erkennt und sich darauf als sein höchstes Ziel ausrichtet, der wird nicht wiedergeboren, da seine Vergehen durch die Erkenntnis ausgelöscht wurden.

In einem weisen und demütigen
  Brahmanen,
in einer Kuh, in einem Elefanten und
  selbst
in einem Hund und einem Hundeesser
sehen die Wissenden dasselbe.
Da ihr Geist in Gleichheit ruht,
besiegen sie schon hier auf Erden das
  Geborenwerden.
Makellos und gleichförmig ist das
  Brahman,
und das ist es, worin sie ruhen.

Gegründet im Brahman, festen Sinnes und unverblendet kann der Brahmankenner sich weder über Angenehmes freuen noch bei Unangenehmem leiden. Wer innerlich nicht von den äußeren Dingen berührt wird, findet die Freude im Selbst. Vertieft in die Schau des Brahman, genießt er unendliche Glückseligkeit. Die Freuden, die durch die Berührung mit Äußerem entstehen, bewirken nämlich nur Leid, da sie Anfang und Ende haben. Der Weise erfreut sich an ihnen nicht.

Wer noch vor dem Abstreifen
des Körpers
dem Impuls von Verlangen und Zorn
widersteht,
der ist ein Yogi,
der ist ein glücklicher Mensch.
Der Yogi findet seine Freude im Innern,
er lebt erleuchtet in seinem Innern,
er geht in die Glückseligkeit
des Brahman ein
und wird schließlich zum Brahman
selbst.

Die Glückseligkeit des Brahman erlangen die Seher, deren Vergehen ausgelöscht und deren Zweifel beseitigt sind, die sich selbst beherrschen und denen das Wohl aller Wesen am Herzen liegt. Für die Asketen, die von Verlangen und Zorn frei sind, die ihr Denken beherrschen und das Selbst erkannt haben, existiert die Glückseligkeit des Brahman überall.

Der Weise, der die äußeren Berührungen ausschließt, seinen Blick zwischen die Augenbrauen richtet und den durch die Nasenlöcher ein- und ausfließenden Atem gleichmacht, der die Sinne, das Denken und den Verstand beherrscht und die Befreiung als höchstes Ziel hat, der von Verlangen, Furcht und Zorn frei und in seinem Bestreben beständig ist, der wird befreit.

Indem er mich als Herrn der Opfer und der Askese, als Herrscher über alle Welten, als Freund aller Wesen erkennt, geht er in den Frieden ein.

6. Kapitel

Der Yoga der Meditation

Krishna:

Ein Entsagender und ein Yogi ist derjenige, der seine Pflicht erfüllt, ohne an den Früchten des Handelns zu hängen, und nicht der Nichtopfernde und der Nichthandelnde! Wenn man von der »Entsagung« spricht, o Arjuna, meint man im Grunde genommen »Yoga«. Niemand wird je ein Yogi, der nicht den Gedanken entsagt hat.

Für den Weisen, der Yoga erreichen
  möchte,
ist Handeln das Mittel.
Für den aber, der Yoga erlangt hat,
ist Stille das Mittel.

Wenn der allen Gedanken Entsagende nicht mehr an den Sinnesobjekten und Handlungen hängt, dann bezeichnet man ihn als »einen, der Yoga erreicht hat«.

Man möge sich selbst durch sich selbst erhöhen und nicht sich selbst erniedrigen, denn nur man selbst ist sein eigener Freund und sein eigener Feind. Wer sich selbst durch sich selbst besiegt hat, der ist sich selbst Freund. Wenn aber der, der sich nicht besiegt hat, sich selbst Feind ist, dann verhält sich sein eigenes Selbst wie ein äußerer Gegner.

Vollkommenheit im Yoga hat der Mensch dann erlangt, wenn er in Wissen und Erkenntnis Zufriedenheit findet, unerschütterlich ist, die Sinne beherrscht und ihm ein Klumpen Erde, ein Stein und Gold vollkommen gleichwertig sind. Dieser Hervorragende erachtet Gutherzige, Freunde, Feinde, Gleichgültige, Unparteiische, Hassenswerte, Verwandte, Gute und Böse als gleich.

In Abgeschiedenheit, allein, Körper und Geist unter Kontrolle haltend, frei von Verlangen und ohne Besitz möge sich der Meditierende fortwährend in den Yogazustand versetzen. Nachdem er sich an einem sauberen Ort einen stabilen Sitz – weder zu hoch noch zu niedrig und mit einem Tuch, einem Fell und Kushagras bedeckt – hergerichtet hat, möge er sich darauf setzen, das Denken nur auf eines ausrichten, die Gedanken- und Sinnesaktivität kontrollieren und den Yoga zur Reinigung des Selbst praktizieren.

Er möge Körper, Kopf und Nacken aufrecht und ruhig halten, fest in dieser Stellung verharren, den Blick auf die Nasenspitzen richten und nicht davon abschweifen lassen. Ruhigen Geistes, furchtlos und fest im Gelübde der Enthaltsamkeit soll er das Denken gänzlich im Zaume halten, im Yogazustand über mich meditieren und mich als das Höchste betrachten. Wenn sich der erfahrene Yogi in dieser Weise immer wieder in den Yogazustand versetzt, erlangt er den mir innewohnenden Frieden höchster Glückseligkeit.

Weder der, der zuviel ißt, noch der, der gar nichts ißt, weder der, der die Angewohnheit hat, zuviel zu schlafen, noch der, der ständig wacht, erreichen Yoga, o Arjuna. Der leidvernichtende Yoga wird dem zuteil, der sich angemessen ernährt und erholt, sich angemessen beim Handeln verausgabt und angemessen schläft und wacht.

Wenn das völlig beherrschte Denken nur im Selbst ruht und der Meditierende von allen Wünschen unberührt bleibt, dann hat er die vollkommene Yogastufe erlangt.

Der Yogi, der sein Denken beherrscht
und sich ganz dem Yoga widmet,
ähnelt einer ruhig brennenden Flamme,
die an einem windgeschützten Ort
nicht flackert.

Yoga, die Loslösung vom Leid,
bedeutet:
Das Denken kommt durch Übung
zur Ruhe;
das Selbst erkennt sich durch sich
selbst;
man erfährt die unendliche Freude
jenseits der Sinne,

und die wahre Erkenntnis wird nicht
mehr überschattet.
Danach gibt es nichts Größeres mehr
zu erreichen.
Auch schweres Leid kann den Yogi
nicht erschüttern.
Deshalb soll man diesen Yoga
entschlossen und unbesorgt ausüben.

Der Meditierende soll alle auf Vorstellungen beruhenden Wünsche restlos aufgeben, die Sinne nur mit dem Denken in Schach halten und aufs Höchste konzentriert ganz allmählich zur Ruhe kommen. Das Denken fest auf das Selbst ausrichtend, möge er an gar nichts denken. Sobald das flüchtige und unruhige Denken abgelenkt wird, soll er es zurückhalten und es ausschließlich der Kontrolle des Selbst unterstellen.

Höchste Glückseligkeit wird dem
Yogi zuteil,
dessen Denken zur Ruhe gekommen
und
dessen Leidenschaft geschwunden ist.

Er, der Makellose, ist eins mit dem
Brahman.
Beständig in der Yogapraxis,
erlangt er, von Vergehen frei,
leicht die unendliche Glückseligkeit
der Berührung mit dem Brahman.
Der im Yoga Verankerte sieht überall
dasselbe:
Er erkennt das Selbst als in allen
Wesen wohnend
und alle Wesen als im Selbst wohnend.

Wer mich in allen Dingen und alles in
mir sieht,
dem entschwinde ich nicht, und
der entschwindet mir nicht.
In die Einheit eingegangen und mir,
der ich in allen Wesen wohne,
hingegeben,
lebt er trotz des äußeren Scheins nur
in mir.
Wer alles als Teil seines Selbst sieht,
seien es erfreuliche oder leidvolle
Dinge,
der gilt als der höchste Yogi.

Arjuna:

O Krishna, ich verstehe nicht, wie dieser von dir gelehrte Yoga der Gleichmut ständig aufrechterhalten werden kann, da doch das Denken so sprunghaft, aufgewühlt, mächtig und zäh ist. Es ist ebenso schwer niederzuhalten wie der Wind.

Krishna:

Ohne Zweifel ist das Denken schwer niederzuhalten und sprunghaft, doch durch Übung und Gelassenheit wird es gebändigt, o Arjuna. Yoga ist für den, der sich nicht beherrscht, schwer zu erreichen. Für den aber, der sich bemüht, der selbstbeherrscht ist, kann er durch die besagten Mittel erlangt werden.

Arjuna:

Welchen Weg, o Krishna, geht der, der sich nicht bemüht, aber von Glauben erfüllt ist, und dessen Denken vom Yoga abkommt, bevor er die Vollendung im Yoga erreicht hat? Geht der, der vom Weg des Handelns und auch vom Weg der Meditation abirrt, nicht wie eine zerrissene Wolke zugrunde, ohne Halt und verwirrt auf dem Weg zum Brahman? Bitte, o Krishna, befreie mich von diesem Zweifel; nur du kannst ihn zerstreuen.

Krishna:

Weder in dieser Welt noch in der nächsten geht er zugrunde, mein Sohn. Niemandem, der Gutes tut, widerfährt Böses. Nachdem der vom Yogaweg Abgeirrte zu den Welten der Tugendhaften gelangt ist und dort unzählige Jahre verbracht hat, wird er in einem Haus reiner und wohlhabender Menschen wiedergeboren. Er könnte allerdings auch in einer Familie weiser Yogis geboren werden, aber eine solche Geburt ist in dieser Welt sehr schwer zu erlangen. Dort wird er wieder mit dem im früheren Körper erlangten Bewußtsein verbunden und bemüht sich mehr als zuvor um die Vollendung. Selbst gegen seinen Willen wird er durch seine frühere Yogapraxis vorangebracht. Schon der bloße Wunsch, Yoga zu erfahren, erhebt ihn über die einfachen Opferrituale.

Der Yogi, der sich mit Eifer bemüht,
der von allem Makel gereinigt ist und
in vielen Leben sich vervollkommnet
hat,
erreicht schließlich das höchste Ziel.
Ein Yogi gilt mehr als die Büßer,
selbst mehr als die Wissenden.
Ein Yogi steht auch über den
Handelnden.
Werde deshalb ein Yogi, o Arjuna!

Der Yogi, der ganz in mir aufgegangen
und voller Glauben mir ergeben ist,
der gilt mir als der vollkommenste.

7. Kapitel

Der Yoga des Wissens und der Erkenntnis Gottes

Krishna:

Höre nun, o Arjuna, wie du mich vollkommen erkennen kannst, wenn du dein Denken an mich heftest, Yoga übst und Zuflucht in mir suchst. Ich werde dir, ohne etwas auszulassen, das Wissen samt seiner Erkenntnismethode verkünden, durch welches dir hier in dieser Welt nichts weiter zu erkennen übrigbleibt. Unter Tausenden von Menschen gibt es vielleicht einen, der nach Vollkommenheit strebt, und selbst unter denen, die sich bemühen und vollkommen geworden sind, kennt mich vielleicht nur einer wahrhaft.

Erde, Wasser, Feuer, Luft, Raumäther,
Denken, Verstand und Ichbewußtsein –
dies sind die acht Elemente meiner
niederen Natur.
Darüber hinaus aber erkenne meine
höhere Natur,
die allem Leben verleiht und
dieses ganze Universum aufrechterhält.
Alle Wesen haben darin ihren
Ursprung.
Ich bin Entstehen und Vergehen der
gesamten Welt.

Nichts ist höher als ich, o Arjuna.
Auf mich ist dieses All aufgereiht
wie Juwelen auf einer Schnur.
Ich bin der Geschmack im Wasser,
ich bin das Licht in Mond und Sonne,
die heilige Silbe Om, der Ton
im Äther,
das Menschliche in den Menschen.
Ich bin der Wohlgeruch in der Erde,
der Glanz im lodernden Feuer,
das Leben in allen Lebewesen und
die asketische Kraft in den Asketen.

Wisse, alle die durch die drei Grundkräfte der Natur gebildeten Dinge sind aus mir entstanden. Dennoch bin ich nicht in ihnen, sie sind in mir. Die gesamte Welt wird von den Dingen, die aus den drei Grundkräften bestehen, verblendet und erkennt mich nicht als von diesen verschieden und unveränderlich. Diese meine göttliche Illusion, bestehend aus den Grundkräften, ist schwer zu überwinden, doch es gelingt denjenigen, die sich ausschließlich mir zuwenden.

Die Übeltäter, die Verblendeten, die Niederträchtigen wenden sich mir nicht zu. Durch die Illusion sind sie der Einsicht beraubt und folgen dem Weg der Dämonen. Mir ergeben, o Arjuna, sind die vier Gruppen der tugendhaften Menschen: die Notleidenden, die Wahrheitssucher, die nach Reichtum Strebenden und die Wissenden.

Unter diesen ragt der Wissende hervor.
Ihm, dem ewig Verankerten, nur dem
Einen ergeben,
bin ich über alle Maßen lieb,
und er ist mir lieb.

Edel sind sie alle,
doch im Wissenden wahrlich sehe ich das Selbst;
er, dessen Geist erleuchtet ist,
trachtet nur nach mir, dem allerhöchsten Ziel.
Nach vielen Geburten gelangt der Wissende zu mir.
Er hat erkannt: Alles ist Gott.
Er, der wahrhaft große Mensch,
ist in dieser Welt sehr schwer zu finden.

All diejenigen, die geistig schwanken und von ihren Wünschen beherrscht werden, wenden sich, von ihrer eigenen Natur gezwungen, niederen Göttern zu und verehren diese entsprechend. Ganz gleich, in welcher Form ein gläubiger Mensch Gott auch anbeten mag, so bin doch ich derjenige, der seinen Glauben unerschütterlich macht. Aus diesem Glauben heraus widmet er sich der Anbetung dieser einen Form, und von ihr erhält er die gewünschten Dinge, nicht wissen, daß in Wahrheit ich der Wunschgewährer bin. Aber die Frucht, die den Kleingeistern erwächst, ist endlich. Die Götterverehrer gelangen zu ebendiesen Göttern, doch die, die mich anbeten, kommen zu mir.

Die Uneinsichtigen glauben, ich sei unmanifest gewesen und erst jetzt zur Manifestation gelangt, da sie mein höheres, unveränderliches und unübertroffenes Wesen nicht kennen.

> Verdeckt durch meine weltliche
> Zaubermacht,
> bin ich nicht für alle sichtbar.
> Diese verblendete Welt kennt mich,
> den Ungeborenen, den
> Unvergänglichen nicht.

Ich kenne Vergangenheit, Gegenwart und Zukunft aller Wesen, o Arjuna, nur mich kennt niemand. Die Wesen unterliegen bei der Geburt der Verblendung, weil sie die Dinge aufgrund von Verlangen und Ablehnung irrtümlich als Gegensätze wahrnehmen. Die Menschen aber, die Gutes tun und deren schlechtes Karma getilgt ist, die sind befreit von der irrtümlichen Wahrnehmung der Gegensätze, und sie verehren mich aus ganzem Herzen.

Wer, auf mich gestützt,
nach der Befreiung von Alter und
 Tod strebt,
erkennt das Brahman, das Überselbst
und alles Karma in vollem Umfang.
Wer mich als Überschöpfung, das
 Übergöttliche
und als den Herrn des Opfers erkennt,
bewahrt diese Erkenntnis über den
 Tod hinaus,
da sein Geist fest darin verankert ist.

8. Kapitel

Der Yoga der Vorstellungskraft

Arjuna:

Was ist dieses Brahman, was ist das Überselbst, was ist Karma, o höchste Seele, und was versteht man unter Überschöpfung und unter dem Übergöttlichen? Wie und wer ist der Herr des Opfers hier in diesem Körper, und wie können dich die Selbstbeherrschten im Augenblick des Todes erkennen?

Krishna:

Das Brahman ist das Höchste,
Unvergängliche.
Als Überselbst kenne das wahre
Wesen des Menschen.

Karma steht für den Schöpfungsakt,
der alle Dinge und Lebewesen
hervorbringt.
Die Überschöpfung ist das
vergängliche Dasein
und das Übergöttliche der ewige
Geist.
Der Herr des Opfers hier im Körper
bin ich, o Bester der Körperlichen.

Wer sein Bewußtsein zum Zeitpunkt des Todes allein auf mich ausrichtet, der geht, wenn er den Körper verläßt, in mein Sein ein. Darüber besteht kein Zweifel. Je nachdem welches Wesen er sich ständig vergegenwärtigt hat und an das er beim Verlassen des Körpers denkt, zu dem geht er ein. Gedenke meiner deshalb zu allen Zeiten und kämpfe! Wenn du dein Denken und deinen Verstand mir darbringst, wirst du in mich eingehen; dessen sei gewiß!

Wer im Sinne des Yoga der Vorstellungskraft, ohne abzuschweifen, meditiert, geht in den höchsten, himmlischen Geist ein. Der Meditierende möge mit unerschütterlicher

Konzentration und mit Hingabe den Atem richtig zwischen den Augenbrauen halten und sich Gott als den Weisen, den Uralten, den Herrscher, kleiner als das Kleinste, den Allesgewährenden von undenkbarer Gestalt, sonnenfarben und jenseits der Dunkelheit vorstellen; so gelangt er zur Zeit des Dahinscheidens zu diesem höchsten, himmlischen Geistwesen.

Das Ziel, das die Vedakenner als unvergänglich bezeichnen, in das die Selbstbeherrschten und Leidenschaftslosen eingehen und um dessentwillen sie ein auf das Brahman ausgerichtetes Leben führen, das werde ich dir in wenigen Worten verkünden: Wer den Körper verläßt und dahinscheidet, nachdem er alle Tore geschlossen, das Denken im Herzen und den Atem mittels der durch Yoga erworbenen Konzentration im Kopf festgemacht hat und dabei das in der einen Silbe »Om« bestehende Brahman artikuliert und meiner gedenkt, der geht in das höchste Ziel ein.

Für den fortwährend im Yoga gefestigten Meditierenden, der meiner ohne Ablenkung ständig und lange gedenkt, bin ich leicht zugänglich. Die Edlen, die die höchste Vollendung erlangt haben und in mich eingegangen sind, erfahren keine Wiedergeburt, die ja nichts weiter als ein Ort des Leids und der Vergänglichkeit ist. Die Wiederkehr gilt für alle Welten, selbst die Welt des Schöpfergottes Brahma. Ist aber jemand in mich eingegangen, so gibt es keine Wiedergeburt.

Ein Tag und eine Nacht Brahmas umfassen jeweils tausend Zeitalter. Zu Beginn des Tages entstehen alle Manifestationen aus dem Unmanifesten. In ebendiesem, dem Unmanifesten, lösen sie sich zu Beginn der Nacht auf. In ständiger Folge löst sich alles Geschaffene bei Einbruch der Nacht auf und entsteht unweigerlich bei Tagesanbruch wieder.

Das andere, ewige, unmanifeste Sein aber, das von dem eben genannten Unmanifesten verschieden ist, vergeht nicht, wenn alle Geschöpfe vergehen. Das unvergängliche Unmanifeste – wie gesagt – nennt man das höchste Ziel. Dies ist meine höchste Wohnstätte, von der keiner zurückkehrt. Dieser höchste Geist, in dem alle Geschöpfe wohnen und von dem dieses All durchdrungen ist, kann durch ausschließliche Hingabe erreicht werden.

Ob der Yogi zurückkehrt oder nicht, hängt vom Zeitpunkt seines Dahinscheidens ab. Wenn die, die das Brahman erkannt haben, bei Feuer, Licht, am Tag, in der hellen Monatshälfte oder in den sechs Monaten, in denen die Sonne nach Norden wandert, sterben, gehen sie in das Brahman ein. Bei Rauch, in der Nacht, in der dunklen Monatshälfte und in den sechs Monaten, in denen die Sonne nach Süden wandert – zu diesen Zeiten gelangt der Yogi zum Mondlicht und kehrt wieder zurück. Diese beiden Wege, der helle und der dunkle, gelten als ewig. Wer den einen geht, kehrt nicht zurück, wer den anderen geht, der kommt wieder.

Kein Yogi, der diese Wege kennt, unterliegt der Täuschung. Übe deshalb zu allen Zeiten Yoga, o Arjuna! Mögen dem Menschen aus den Veden und dem Opfer, aus Askeseübungen und Almosen noch so verdienstvolle Früchte erwachsen, was der Yogi erlangt, wenn er dies erkannt hat, übersteigt alles. Er geht in den höchsten Urzustand ein.

9. Kapitel

Das königliche Geheimnis

Krishna:

Vernimm nunmehr, o Folgsamer,
jenes höchste, geheime Wissen,
durch das du, wenn du es
verwirklichst,
von allem Bösen befreit wirst.
Es ist die königliche Lehre,
höchst geheim und läuternd,
direkt erfaßbar, tugendvoll,
leicht auszuführen, unvergänglich.

Wer nicht an diese Lehre glaubt,
gelangt nicht zu mir und
verbleibt im Kreislauf des Todes.

Ich durchdringe diese ganze Welt
in unmanifester Form.
Alle Wesen wohnen in mir,
doch ich wohne nicht in ihnen.
Genaugenommen wohnen auch die
Wesen nicht in mir.
Sieh meine göttliche Macht!
Mein Selbst läßt die Wesen entstehen
und erhält sie,
wohnt aber selbst nicht in ihnen.
Wie der gewaltige Wind,
der sich überall hinbewegt
und ewig in Raumäther wohnt,
ebenso wohnen alle Wesen in mir.
Am Ende einer Schöpfungsperiode
gehen alle Wesen in meine Natur ein.
Beginnt die Schöpfung von neuem,
lasse ich sie wieder hervorgehen.
Auf meine Natur gestützt,
bringe ich die ganze Vielfalt der
Wesen,
die machtlos der Natur unterworfen
sind,
immer wieder zur Manifestation.

Doch diese Taten, o Arjuna, binden mich, der ich sozusagen unbeteiligt und ihnen nicht verhaftet bin, nicht. Unter meiner Aufsicht bringt die Natur das Bewegliche und Unbewegliche hervor und hält somit die Welt in Gang.

Die Verblendeten verachten mich, der ich menschliche Gestalt angenommen habe, da sie mein höheres Sein als Herrn der Geschöpfe nicht kennen. Unnütz sind ihre Hoffnungen, unnütz ihre Taten und unnütz ist ihr Wissen. Sie sind geistlos und frönen der trügerischen Natur von Dämonen und bösen Geistern.

Die wahrhaft großen Menschen aber, die der göttlichen Natur folgen, tragen nur mich im Herzen, da sie wissen, daß ich der Ursprung alles Geschaffenen bin. Sie dienen mir mit Hingabe, indem sie mich ständig rühmen, sich bemühen und ihre Gelübde einhalten, mir Verehrung erweisen und sich immer wieder in den Yogazustand versetzen.

Und andere, die das Opfer der Erkenntnis vollziehen, verehren mich als Einheit, als

Verschiedenheit und in vielfältiger Weise als den, dessen Blick nichts im Universum entgeht.

Ich bin das Opfer und die Opferspeise,
ich bin das Heilkraut und der
Opfervers,
ich bin die Opferbutter und das
Opferfeuer,
und ich bin die Opfergabe.
Ich bin der Vater dieser Welt,
die Mutter, der Gewährer und der
Großvater.
Ich bin das Erkennbare, der Läuterer,
die heilige Silbe »Om« sowie die drei
Veden.
Ich bin das Ziel, der Erhalter, der
Herr,
der Zeuge, die Wohnstätte, die
Zuflucht, der Freund.
Ich bin Entstehung, Erhaltung und
Vergehen,
die Schatzkammer, der unvergängliche
Same.
Ich erzeuge die Wärme, o Arjuna,

und halte den Regen oder lasse ihn
fließen.
Ich bin die Unsterblichkeit, aber auch
der Tod,
das Seiende und das Nichtseiende.

Die Kenner der drei Veden, die Trinker des berauschenden Soma, die von Schlechtem gereinigt sind, streben nach dem Himmel. Deshalb bringen sie mir Opfer dar. Wenn sie die tugendvolle Welt des Götterherrn erreicht haben, genießen sie bei ihm im Himmel die himmlischen Freuden der Götter. Nachdem sie die ausgedehnte Himmelswelt ausgekostet und damit ihr gutes Karma aufgebraucht haben, kehren sie wieder in die Welt der Sterblichen zurück. Sie stillen auf diese Weise ihre Begierden in Übereinstimmung mit dem heiligen Gebot der drei Veden; sie verlassen diese Welt und kehren in sie zurück.

Dauerhaften Gewinn bringe ich den Menschen, die mich in allem verehren und sich in fortwährender Meditation als eins mit mir erkennen. Selbst die, die andere Götter voller Glauben verehren, verehren damit eigentlich nur mich; sie wissen es als Befolger der vedischen Regeln eben nicht besser. Der Empfänger und Herr aller Opfer bin nur ich allein! Sie kennen mich nicht wirklich und erreichen deshalb nicht das wahre Ziel.

Die Götterverehrer gelangen zu den
  Göttern,
die Ahnenanbeter gehen zu den Ahnen,
wer die Geister verehrt, geht in deren
  Welt ein,
aber die mich verehren, gelangen zu mir.

Das Blatt, die Blume, die Frucht oder
  das Wasser,
das mir einer mit Hingabe darbringt,
was mir der Selbstbeherrschte in
  Demut anbietet,
das nehme ich als Opferspeise an.
Alles, was du tust,
was du ißt, was du opferst,
was du verschenkst, welche Askese
  du betreibst,
betrachte es als Opfer an mich.

So wirst du von den Bindungen des
Handelns
und damit von Gut und Böse befreit
werden,
und im Yoga der Entsagung gefestigt,
wirst du zu mir kommen.

Mir gelten alle Lebewesen gleich.
Keines ist mir verhaßt oder lieb.
Die mich aber mit Hingabe verehren,
die sind in mir, und ich bin in ihnen.
Selbst der größte Übeltäter,
der ausschließlich mich verehrt,
ist als rechtschaffen anzusehen,
denn er hat sich recht entschieden.

Richte deinen Geist auf mich, sei mir
ergeben,
opfere mir und verneige dich vor mir.
So wirst du mich zum höchsten Ziel
haben
und in mich, das Selbst, eingehen.

10. Kapitel

Die göttlichen Erscheinungsformen

Krishna:

Weder die Götter noch die großen Seher kennen meinen Ursprung, denn der Anfang aller Götter und großen Seher bin ich. Die Sterblichen, die mich als ungeboren und anfangslos, als den Großherrn der Welten erkennen, sind unverblendet und werden von allen Sünden befreit.

Wissen und Erkenntnis, Unverblendetheit, Nachsicht und Wahrhaftigkeit, Beherrschung und Ruhe, Freude und Leid, Entstehen und Vergehen, Furcht und Furchtlosigkeit, Harmlosigkeit, Gleichmut und Zufriedenheit, Askese und Freigebigkeit, Ruhm und Schande – alle diese verschiedenartigen Zustände entstehen allein aus mir heraus.

Wer diese meine Machtfülle und meinen Yoga in all seiner Tiefe kennt, dem wird unerschütterliche Yogamacht zuteil. Die Verständigen, die die Welt so sehen, wie sie wirklich ist, verehren mich, indem sie sich vergegenwärtigen: »Ich bin der Ursprung aller Dinge, aus mir geht alles hervor.« Wenn sie ihren Geist auf mich ausrichten, mit ihrem ganzen Wesen in mir aufgehen, sich gegenseitig erwecken und beständig von mir sprechen, finden sie Zufriedenheit und Glück.

Diesen, die ständig Yoga üben und mich voller Liebe verehren, gebe ich den Yoga der Erkenntnis, so daß sie vollkommen in mich eingehen. Ich, der ich in ihrem Selbst weile, erweise ihnen Gnade und vertreibe mit der leuchtenden Lampe der Erkenntnis die Finsternis der Unwissenheit.

Nun bittet Arjuna, Krishna möge ihm weitere Beschreibungen seiner Machtfülle und Erscheinungsformen geben.

Krishna:

Ich bin das Selbst im Herzen aller
Wesen.
Ich bin der Anfang, die Mitte
und das Ende aller Geschöpfe.
Von den Adityas bin ich Gott Vishnu,
von den Lichtern die strahlende Sonne.
Ich bin Marichi unter den Winden
und der Mond unter den Gestirnen.

Krishna charakterisiert sich in den folgenden Versen als erstrangig unter den verschiedenen Gruppen von mythologischen Wesen, Naturerscheinungen, Kräften etc., die im weltlichen und religiösen Leben der Hindus eine wichtige Rolle spielen.

All das Mächtige, Reiche und Kraftvolle in diesem Universum ist aus einem Teil meiner Herrlichkeit entstanden. Doch was, o Arjuna, nützt es dir, all die vielen Einzelheiten zu kennen? Wisse vor allem, daß ich fortwährend die gesamte Welt stütze, doch nur mit einem kleinen Teil meiner selbst.

11. Kapitel

Die Schau der Allgestalt

Nachdem diese erleuchtenden Worte Arjuna Einsicht in das wahre Wesen der Dinge vermittelt haben, bittet er Krishna, sich ihm in seiner göttlichen, allumfassenden Gestalt zu offenbaren. Krishna verleiht ihm dazu »himmlische Augen«, die allein ihm diese Schau kosmischen Ausmaßes ermöglichen.

Arjuna erhält nun in einer alle Vorstellungskraft übersteigenden Vision Einblick in das göttliche Wesen, das sich ihm in einer Bilderflut alles Existierenden von den höchsten Göttern bis hin zum kleinsten Geschöpf offenbart. Im »Glanz von tausend Sonnen« erblickt er Krishnas himmlische Gestalt mit unzähligen Gesichtern ohne Anfang und Ende.

In seinem kosmischen Körper findet er nicht nur die gesamte irdische und himmlische Welt enthalten, sondern auch die Welt der Dunkelheit und der Dämonen. So sieht er auch die Niederlage des Feindes und das große Blutbad voraus. Auch hier macht Krishna noch einmal klar, daß er selbst das Geschick der Dinge lenkt und Arjuna ihm nur als Instrument dient. Somit ermutigt er ihn noch einmal zum Kampf.

Diese direkte Erfahrung von Krishna in seiner Allmacht als Herr aller Welten und als höchstes Prinzip, das allem zugrunde liegt, macht Arjuna schmerzlich bewußt, daß er Krishna zuvor nur wie einen gewöhnlichen Verwandten und Freund behandelt hat. So bittet er ihn für seine beschränkte Sicht um Verzeihung und, da er die Gewaltigkeit der Vision nicht mehr ertragen kann, auch darum, die gewohnte Gestalt wieder anzunehmen. Krishna bestätigt, daß bisher nur Arjuna die Gnade, seine Allgestalt zu schauen, gewährt wurde, da er ihm in Hingabe zugetan ist. Er beschließt dieses Kapitel mit den Worten:

Äußerst schwer zu schauen ist diese meine Gestalt, die du soeben gesehen hast. Selbst die Götter sehnen sich beständig danach, diese Gestalt zu erblicken. Weder durch die Veden noch durch Askese oder Wohltätigkeit und Opfer kann ich so, wie du mich gesehen hast, geschaut werden.

Durch unverwandte Hingabe aber, o Arjuna, kann man mich dergestalt wahrhaft erkennen und in mich eingehen. Wer alle Handlungen um meinetwillen ausführt, mich als das Höchste ansieht, sich mir ganz hingibt, wer von Verhaftung frei ist und keiner Kreatur mit Feindseligkeit begegnet, der geht in mich ein.

12. Kapitel

Der Yoga der Gottesliebe

Arjuna:

Welche von den Yogaübenden sind die besten – die, die dich als allumfassenden, höchsten Gott verehren, oder die, die das Unvergängliche, Unmanifeste anstreben?

Krishna:

Die besten Yogis sind diejenigen,
die geistig in mir aufgehen,
mich mit ihrem ganzen Wesen
verehren
und von höchstem Glauben erfüllt
sind.

Die aber, die das Unvergängliche,
Unerklärliche, Unmanifeste,
  Allgegenwärtige,
das Undenkbare, Unveränderliche,
das Unbewegliche und Ewige verehren,
die alle Sinne beherrschen,
in allen Lagen Gleichmut bewahren
und sich am Wohl aller Wesen erfreuen,
auch die gelangen zu mir.

Es ist mühevoller, den Geist auf das Unmanifeste zu richten, denn dieses Ziel ist im Körper nur schwer zu erreichen. Wer mich aber verehrt, indem er alle Handlungen in mich legt, mich als das Höchste betrachtet und in unverwandtem Yoga über mich meditiert und geistig in mir aufgeht, den befreie ich schon nach kurzer Zeit aus dem Ozean von Geburt und Tod. Richte dein Denken ausschließlich auf mich, laß deinen Geist in mir aufgehen, so wirst du fortan in mir leben, dessen sei gewiß.

Wenn du dein Denken nicht fest auf mich ausrichten kannst, dann versuche, mich durch wiederholte Yogaübung zu erreichen.

Wenn du auch zu dieser Übung nicht fähig bist, dann führe Handlungen um meinetwillen aus. Auch dadurch wirst du die Vollendung erlangen. Falls dir auch dieses schwerfällt, dann suche in der Verbindung zu mir Zuflucht und gib selbstbeherrscht die Früchte aller Handlungen auf.

Besser als stures Üben ist Wissen, über dem Wissen steht die Meditation, über der Meditation die Aufgabe der Früchte der Taten. Aus der Aufgabe resultiert unmittelbar der Friede.

Lieb sind mir die Menschen,
die allen Wesen mit Mitgefühl begegnen,
die ihren Egoismus abgelegt haben,
die Freude und Leid gleichmütig
erdulden,
die in sich selbst zufrieden und gefestigt
und vollkommen auf mich
ausgerichtet sind.

Lieb sind mir die Menschen,
die die Welt weder erschrecken noch
fürchten,

denen Freude, Neid, Kummer und
 Furcht nichts anhaben,
die rein, klug und unbeteiligt sind,
dem Handeln entsagen und nichts
 verlangen,
die weder Freude noch Haß noch
 Trauer empfinden,
die weder Gutes noch Schlechtes
 kennen
und mir vollkommen hingegeben sind.

Lieb sind mir die Menschen,
denen Feind und Freund, Ehre und
 Schande,
Kälte und Hitze, Freude und Leid
 gleich sind,
die an nichts hängen und an keinen
 Ort gebunden sind,
schweigsam und mit allem zufrieden.
Wer meinen unsterblichen Worten
 folgt
und mich voller Glaube und Hingabe
als das Höchste betrachtet,
der ist mir über alle Maßen lieb.

13. Kapitel

Feld und Feldkenner

Krishna:

Die Erleuchteten teilen den Menschen und das Sein in zwei Kategorien ein: Die eine ist der Körper, genannt »Feld«, und die andere ist der, der den Körper kennt, der »Feldkenner«. Der Feldkenner in allen Feldern bin ich, o Arjuna. Das Wissen um Feld und Feldkenner ist das eigentliche Wissen, das ich dir jetzt in knapper Form darlegen werde.

Das Feld in seinen verschiedenen Zuständen besteht aus folgendem: der unmanifesten Urmaterie, Intellekt, Ego, den fünf Elementen, dem Denken sowie den fünf Tat- und den fünf Sinnesorganen mit den entsprechenden feinstofflichen Sinnesobjekten;

ferner Verlangen, Haß, Freude, Leid, Verbindung von Körper und Sinnen, Intelligenz und Willensstärke.

Wissen manifestiert sich als: Demut, Bescheidenheit, Nichtverletzen, Duldsamkeit, Aufrichtigkeit, Dienst am Lehrer, Reinheit, Beharrlichkeit, Selbstzucht, Nichthaften an Sinnesobjekten, Egolosigkeit, Betrachtung von Geburt, Tod, Alter, Krankheit und Leid als Übel, Nichtverhaftung, Nichtzugeneigtsein gegenüber Nachkommen, Frau, Haus und so fort, beständigen Gleichmut im Hinnehmen von Angenehmem und Unangenehmem, Beständigkeit in der Erkenntnis des Selbst, das Sich-vor-Augen-Führen des Ziels der wahren Erkenntnis. Alles, was diesem entgegengesetzt ist, ist Unwissenheit.

Das Ziel der wahren Erkenntnis, das in der Unsterblichkeit gipfelt, ist das anfangslose, höchste Brahman. Man kann es weder als seiend noch als nichtseiend bezeichnen.

Überall hat es Hände und Füße,
überall hat es Augen, Köpfe und
Münder,

überall hat es Ohren.
So durchdringt es alle Winkel der Welt.
Es scheint auf in der Betätigung der
Sinne,
und doch haftet es ihnen nicht an.
Es trägt die Kräfte der Natur,
und ist doch frei und nur ihr Zeuge.
Innerhalb und außerhalb der Wesen
ist es das Bewegliche und
Unbewegliche.
Seine Feinheit macht es unerkennbar,
es ist fern und nah zugleich.

Das Ziel der Erkenntnis, das
ungeteilte Brahman,
teilt sich scheinbar doch in den Wesen
und erschafft, erhält und zerstört sie.
»Das höchste Licht jenseits der
Dunkelheit«,
»Wissen, das Ziel der Erkenntnis,
wohnend im Herzen jedes Menschen«,
so wird es genannt.

Nun weißt du, was Feld, Wissen und das Ziel der Erkenntnis sind. Jeder, der dieses

Wissen verwirklicht hat und mir ergeben ist, erreicht meinen Zustand.

Anfanglos sind sowohl die Natur als auch der absolute Geist. Alle Erscheinungsformen sind Manifestationen der drei Grundkräfte der Natur. Der Körper mit all seinen Organen wird von der Natur hervorgebracht. Die Erfahrung von Freude und Leid wird durch den absoluten Geist verursacht. Wenn sich der Geist mit der Natur identifiziert, erfährt er die drei Grundkräfte der Natur. Das Hängen daran ist die Ursache für seine Geburt in einem guten oder schlechten Mutterleib.

Als Bewohner des Körpers wird der absolute Geist »Zuschauer« und »Zustimmer«, »Träger«, »Erfahrender«, »großer Herr« und »höchstes Selbst« genannt. Wer den Geist, die Natur und das Zusammenspiel der drei Kräfte erkennt, wird nicht wiedergeboren, ganz gleich, was er auch tun mag.

Einige schauen das Selbst in sich selbst und durch sich selbst mit Hilfe von Meditation, andere mittels des Yoga der Erkenntnis und wiederum andere mittels des Yoga der

Handlung. Dann gibt es auch noch diejenigen, die das Selbst so nicht erkennen und es so verehren, wie sie es von anderen gehört haben. Auch sie überwinden den Tod, indem sie sich ihrer Lehre vollkommen widmen.

Es ist die Verbindung von Feld und Feldkenner, die ein jegliches Wesen entstehen läßt. Der höchste Gott ist derselbe in allen Dingen, das Unvergängliche im Vergänglichen. Nur dies ist die wahre Sichtweise. Nur durch diese Erkenntnis zerstört sich der Mensch nicht selbst und erlangt das höchste Ziel.

Derjenige sieht wahrhaft, der erkennt, daß sämtliche Handlungen von den verschiedenen Komponenten der Natur ausgeführt werden und daß das Selbst nicht handelt. Wenn er erkennt, daß die Vielfalt des Geschaffenen in dem einen Urgrund wurzelt, und sieht, wie sich alles von diesem aus ausdehnt, dann wird er zum Brahman.

Das höchste Selbst ist unvergänglich,
denn es ist ohne Anfang und ohne
Eigenschaften.

Selbst in Verbindung mit dem Körper
handelt es nicht und wird nicht
befleckt.
Der alldurchdringende Raum wird
nicht beschmutzt,
weil er so überaus fein ist.
Ebenso wird das Selbst nicht
beschmutzt,
obwohl es den gesamten Körper
erfüllt.
So wie die eine Sonne die ganze Welt
bescheint,
so beleuchtet der Feldinhaber das
ganze Feld.
Unterscheide mit dem Auge der
Weisheit
Feld und Feldkenner und erkenne,
wie man sich von der materiellen
Natur befreit,
so gehst du zum Höchsten ein.

14. Kapitel

Die drei Gunas der Natur

Krishna:

Wer in der höchsten Erkenntnis Zuflucht gesucht hat und mit mir eins geworden ist, vergeht nicht bei der Auflösung des Alls und entsteht nicht wieder bei Beginn einer neuen Schöpfung. Das große Brahman ist mein Schoß. Dahinein gebe ich den Keim, und aus diesem, o Arjuna, entstehen alle Dinge.

Sattva, Rajas und Tamas, die drei Gunas, sind die Grundkräfte der Natur. Sie binden den unzerstörbaren Geist fest an den Körper.

Sattva, das makellos, leuchtend und leidlos ist, bindet durch das Hängen an Freude sowie das Hängen an Erkenntnis.

Rajas ist seinem Wesen nach Leidenschaftlichkeit und erzeugt Durst und Verhaftung. Es bindet den Geist durch das Hängen am Handeln.

Tamas, das Produkt der Unwissenheit, verblendet den Geist und bindet ihn durch Nachlässigkeit, Trägheit und Schlaf.

Je nachdem, welcher der drei Gunas dominiert, dementsprechend zeigen sich die jeweiligen Eigenschaften im Menschen: Wenn Sattva überwiegt, scheint durch alle Tore des Körpers das Licht der Erkenntnis; wenn Rajas überwiegt, entstehen Gier, Aktivität, Unruhe und Verlangen; Tamas bewirkt Dunkelheit, Untätigkeit, Nachlässigkeit und Verblendung.

Wenn ein sattvischer Mensch den Tod findet, gelangt er zu den makellosen Welten der Erkenner des Höchsten. Stirbt er im Rajas, wird er unter den Handlungsverhafteten wiedergeboren, und der im Tamas Gestorbene geht in den Schoß von Verblendeten ein.

Gutes Handeln bringt sattvische und
reine Frucht,
die Frucht des Rajas hingegen ist Leid,
und Tamas hat Unwissenheit zur Frucht.
Sattva fördert die Entwicklung zum
Höheren,
Rajas hält den Menschen auf seiner
Stufe,
und Tamas läßt ihn in niedere Welten
absinken.

Wenn ein Erleuchteter sieht, daß nur die Gunas im Bereich der Manifestationen herrschen, und erkennt, was über den Gunas steht, geht er in mein Sein ein. Er, der über die drei körpererzeugenden Gunas hinausgelangt ist, wird von Geburt, Tod, Alter und Leid befreit und erlangt das Unsterbliche.

Arjuna:

Woran erkennt man den, der über die drei Gunas hinausgelangt ist? Wie verhält er sich, und wie gelangt er in diesen Zustand?

Krishna:

Der Erleuchtete, der über den drei
Gunas steht,
haßt weder Licht noch Aktivität noch
Verblendung,
noch verlangt er nach diesen drei
Gunas.
Unbeteiligt läßt er sich von ihnen
nicht erschüttern.
Er weiß genau, daß nur die Gunas
handeln.
Er sieht keinen Unterschied in Freude
und Leid,
in einem Klumpen Erde, einem Stein
und Gold.
Im Selbst ruhend nimmt er mit
Gleichmut hin
Lob und Tadel, Ehre und Schande.
Er behandelt Freund und Feind gleich
und
gibt alle Unternehmungen auf.

Der, der die Gunas überwunden hat und mir mit unbeirrbarem Yoga der Hingabe dient, ist reif, zum Brahman selbst zu werden. Denn ich bin die Grundlage des unsterblichen und unwandelbaren Brahman sowie der ewigen Ordnung und des absoluten Glücks.

15. Kapitel

Der höchste Geist

Krishna:

Höre das Gleichnis vom unvergänglichen Feigenbaum: Seine Blätter sind die vedischen Hymnen, seine Wurzeln ragen nach oben und seine Zweige nach unten. Wer ihn kennt, der kennt die Veden. Seine Zweige erstrecken sich nach unten und nach oben; sie werden von den Gunas genährt, und ihre Triebe sind die Sinnesobjekte. Und unten in der Menschenwelt verbreiten sich die Wurzeln, die die Handlungen als Enden haben. Diesen unvergänglichen Baum kennen die Menschen hier auf Erden nicht, genausowenig wie sein Ende, seinen Anfang und sein Bestehen.

Diesen festverwurzelten Baum gilt es, mit dem harten Schwert der Nichtverhaftung umzuhauen und daraufhin jene Stätte zu suchen, von der niemand mehr zurückkehrt. Dabei lasse man sich von dem Gedanken leiten: »Ich suche Zuflucht bei dem Urgeist, aus dem diese seit alters bestehende Erscheinung hervorgegangen ist.«

Wer zu dieser ewigen Stätte gelangen möchte, muß frei sein von Verblendung, Hochmut und Verwirrung. Wenn der Mensch den Makel der Verhaftung besiegt hat, beständig im Selbst ruht, wunschlos und von den Gegensätzen wie Freude und Leid befreit ist, gelangt er dorthin, wo weder Sonne noch Mond, noch Feuer scheinen. Dort ist meine höchste Wohnstatt, von der es keine Rückkehr gibt.

Ein Teil von mir ist der ewige Lebensfunke in den Lebewesen. Als Herr des Körpers bindet er sich an die Natur durch die fünf Sinne und das Denken. Wenn er einen Körper annimmt, verbindet er sich mit ihnen und nimmt sie mit sich, wenn er ihn wieder verläßt, so wie der Wind Gerüche von duftenden Dingen mit sich fortträgt. Durch den Hör-, Seh-, Tast-, Geruchs- und Geschmackssinn sowie das Denken erfährt der Geist die Sinnesobjekte. Diesen Geist, der kommt und geht, der Erfahrungen macht und mit der Natur verbunden ist, nehmen die Verblendeten nicht wahr. Ihn sehen nur die, die das Auge der Erkenntnis besitzen.

Die um Erkenntnis bemühten Menschen erfahren ihn als ihr eigenes inneres Wesen. Die Geistlosen aber, die sich selbst nicht geläutert haben, erkennen ihn auch dann nicht, wenn sie sich bemühen.

Die Welt ist in zwei Grundelemente unterteilt: ein vergängliches und ein unvergängliches. Das vergängliche umfaßt alles Geschaffene, das unvergängliche ist der ewige Same alles Geschaffenen. Doch davon verschieden ist der höchste Geist, auch das höchste Selbst genannt, der unvergängliche Gott, der Himmel, Erde und Unterwelt durchdringt. Eben weil ich das Vergängliche übertreffe und höher selbst als das Unvergängliche bin, werde ich als »höchster Geist« bezeichnet.

Wer mich unverblendet als den höchsten Geist erkennt, der ist allwissend und verehrt mich mit seinem ganzen Wesen, o Arjuna. Damit habe ich dir die geheimste aller Lehren verkündet. Wer sie versteht, besitzt das höchste Bewußtsein, und für ihn gibt es nichts mehr in der Welt zu tun.

16. Kapitel

Das Göttliche und das Dämonische

Krishna:

Wer in ein göttliches Leben hineingeboren wird, der besitzt folgende Charakterzüge: Furchtlosigkeit, innere Reinheit, Beständigkeit in Studium und Yoga, Freigebigkeit, Selbstzucht, die Bereitschaft zum Opfern und zur Askese, Wißbegierde, Aufrichtigkeit, Nichtverletzen, Wahrhaftigkeit, Zornlosigkeit, Verzicht, Friedfertigkeit, Mitleid mit allen Lebewesen, Begierdelosigkeit, Milde, Schamgefühl, Bedachtsamkeit, Energie, Duldsamkeit, Willensstärke, Reinheit, Wohlwollen und Demut.

Heuchelei, Stolz und Hochmut, Zorn sowie Grobheit und Unwissenheit kennzeichnen den, der in ein dämonisches Leben hineingeboren wurde.

Das Leben göttlicher Qualitäten führt zur Befreiung, das dämonische zur Bindung, o Arjuna. Sei unbesorgt, dir ist ein göttliches Schicksal bestimmt.

Die dämonischen Menschen kennen weder Handeln noch Nichthandeln. Bei ihnen findet man weder Reinheit noch Wohlverhalten, noch Wahrhaftigkeit. Sie sagen: »Die Welt ist unwirklich, ohne Grundlage, sie hat keinen Gott, sie wird durch nichts Zweites verursacht, sondern geht vielmehr aus purer Wollust hervor.« Da sie diese geistlose Anschauung vertreten, erweisen sie sich als Feinde der Welt und tun verderbliche, grausame Dinge, um sie zu zerstören.

Sie sind in ihren Wünschen unersättlich, voller Heuchelei, Stolz und Übermut, folgen in ihrer Dummheit unguten Überzeugungen und führen ein Leben unreiner Absichten. Bis zu ihrem Tode kennen sie keine andere Sorge, als sich größtmöglichen Genuß zu verschaffen, weil sie davon überzeugt sind, daß dies alles sei. »Dieses habe ich heute erlangt; diesen Wunsch werde ich mir erfüllen; dies gehört mir, und dieser Besitz wird auch zukünftig mir gehören; dieser Feind ist von mir erschlagen worden, und weitere werden ich noch erschlagen; ich bin der Herr; ich bin ein Genießer, ich bin erfolgreich, stark und glücklich«, das sind die Gedanken, die sie zu mehr und mehr Begierde und Anhäufung von irdischen Gütern treiben.

»Ich bin reich und wohlgeboren. Wer sonst kommt mir gleich? Ich werde opfern, ich werde Almosen geben, ich werde mich erfreuen.« In dieser Weise von Unwissenheit verblendet, von vielerlei Gedanken verwirrt, verstrickt im Netz der Verblendung, süchtig nach Lustbefriedigung, fallen sie in eine schmutzige Hölle. Selbstgerecht, stur, erfüllt vom Stolz und vom Rausch des Reichtums, bringen sie heuchlerisch sogenannte Opfer dar, ohne sich an die Regeln zu halten.

Indem sie so der Ichsucht, der Gewalt, dem Hochmut, der Begierde und dem Zorn frönen, wenden sich diese Bösartigen gegen mich in ihrem eigenen Körper und in dem von anderen. Sie, diese grausamen Hasser, Abschaum der Menschheit, diese Missetäter verbanne ich immer wieder in dämonische Mutterschöße. Da sie somit Leben für Leben von dämonischen Müttern wiedergeboren werden und mich nicht erreichen können, fallen sie auf die niedrigste Stufe zurück.

> Dreifach ist das Tor zur Hölle:
> Begehren, Zorn und Habgier.
> Es zerstört das Selbst;
> deshalb möge man diese drei aufgeben.
> Wer dem dreifachen Tor zur
> Dunkelheit fernbleibt,
> tut dem Selbst Gutes und erlangt die
> höchste Stufe.
> Wer die Schriften mißachtet und
> begierlich handelt,
> erlangt weder Reife noch Glück, noch
> das Höchste.

Die Schriften sind daher die Autoritäten für dich, wenn es darum geht zu entscheiden, was getan und was nicht getan werden soll. Erkenne also deine von den Schriften bestimmte Pflicht, und tue sie jetzt.

17. Kapitel

Die drei Glaubensformen

In diesem Kapitel gibt Arjuna Krishna durch seine einleitende Frage Gelegenheit, weitere Züge des Menschen und des religiösen Lebens nach den drei Grundkräften der Natur – Sattva, Rajas und Tamas (s. a. Kapitel 14) – zu klassifizieren. So unterscheidet er drei Glaubensformen sowie drei Arten von Nahrung, Opfer, Askese und Almosengeben.

Krishna:

Da der Glaube der Menschen auf ihrem Wesen beruht, ist er von dreierlei Art: sattvisch, rajashaft und tamashaft. Die sattvischen Menschen opfern den Göttern, die rajashaften den guten und bösen Dämonen und die tamashaften den Geistern Verstorbener und Scharen von anderen Geistern.

Jeder glaubt seinem Wesen
entsprechend.
Der Mensch besteht aus seinem
Glauben.
Wie der Glaube, so auch er.

Auch die Nahrung, die die einzelnen mögen, ist von dreierlei Art. Die Speisen, die Leben, Energie, Kraft, Gesundheit und Freude fördern, die schmackhaft, ölig, ergiebig und angenehm sind, werden von den Sattvischen bevorzugt. Die Nahrungsmittel der Rajashaften sind bitter, sauer, salzig, extrem heiß, scharf, grob und brennend und rufen Schmerz, Traurigkeit und Krankheit hervor. Die Tamashaften mögen Essen, das schon abgestanden ist, das seinen Geschmack verloren hat, das stinkt, das verdorben, übriggelassen und unrein ist.

Askese wird in drei Bereichen geübt. Die körperliche besteht in der Verehrung der

Götter, der hohen Kasten, der Gurus und weiser Menschen, in Reinlichkeit, Rechtschaffenheit, Enthaltsamkeit und Nichtverletzen. Askese im Bereich des Sprechens bedeutet Sprechen, das keine Aufregung erzeugt, das wahr, erfreulich und förderlich ist, sowie regelmäßiges Rezitieren der heiligen Schriften. Als geistige Askese bezeichnet man Geistesstille, Heiterkeit, Schweigen, Selbstbeherrschung und Wesensreinheit.

Diese dreifache Askese gilt als sattvisch, wenn sie von Menschen, die im Yoga gegründet sind, in voller Überzeugung und ohne Verlangen nach Früchten geübt wird. Die Askese, die zum Zwecke des Willkommenseins, des Ansehens und der Verehrung und mit Heuchelei ausgeführt wird, gilt als rajashaft. Sie ist wechselhaft und unsicher. Die Askese, die aus Unverstand mit Hilfe von Selbstkasteiung oder um andere zu vernichten ausgeübt wird, bezeichnet man als tamashaft.

18. Kapitel

Befreiung und Entsagung

Arjuna:

Bitte sage mir, o Krishna, worin der Unterschied zwischen Entsagung und Aufgabe besteht.

Krishna:

Unter Entsagung verstehen die Weisen das Vermeiden der auf Wünschen beruhenden Taten. Aufgabe, so sagen die Einsichtsvollen, bedeutet den Verzicht auf die Früchte aller Handlungen. Einige Philosophen fordern, man solle das Handeln aufgeben, weil ihm Makel anhaftet. Andere wiederum sagen, man solle die Akte des Opferns, des

Almosengebens und der Askese nicht aufgeben. Höre nun von mir, was es mit diesem Aufgeben in Wahrheit auf sich hat. Es ist nämlich von dreierlei Art.

Die Akte des Opferns, des Almosengebens sowie der Askese sind nicht aufzugeben. Diese soll man durchaus tun, denn sie läutern den Menschen und machen ihn weise. Aber selbst diese Handlungen sind ohne Verhaftung und unter Aufgabe der Früchte auszuführen. Dies sage ich dir in meiner höchsten Autorität.

Es ist nicht angemessen, einer vorgeschriebenen Handlung zu entsagen. Sie aus Verblendung heraus aufzugeben gilt als tamashaft. Wenn jemand eine Handlung als unangenehm empfindet und sie aus Furcht vor körperlichen Beschwerden aufgibt, übt er rajashafte Entsagung, die ihm nicht einmal die Frucht einbringt. Wenn eine vorgeschriebene Handlung, nur weil sie ausgeführt werden soll, getan wird und Verhaftung und Frucht dabei aufgegeben werden, dann gilt das Aufgeben als sattvisch.

Jemand, der in dieser Weise aufgibt, ist

von Sattva durchdrungen. Sein Geist ist erleuchtet und von Zweifeln befreit. Weder haßt er schlechte Taten, noch liebt er gute. Er übt Aufgabe, indem er nicht nach den Früchten des Handelns trachtet. Das Handeln ganz und gar aufzugeben ist verkörperten Wesen ja nicht möglich. Die Früchte des Handelns, die angenehm, unangenehm oder eine Mischung aus beidem sein können, werden nur denen nach dem Tode zuteil, die daran hängen, nicht aber den Entsagenden.

Gemäß der Lehre, die allem Handeln ein Ende setzt, nenne ich dir nun die fünf Ursachen, durch die jede Handlung zustande kommt:

> Der Körper und das handelnde Ego,
> die Sinnes-, Tat- und geistigen Organe,
> die verschiedenen Atemfunktionen
> und als fünfte die Götter der Organe.

Jede Handlung, die der Mensch mit dem Körper, der Sprache und dem Geist ausführt – sei sie richtig oder falsch –, wird durch diese fünf verursacht. Wer also das absolute

Selbst aus mangelnder Einsicht als den Handelnden ansieht, unterliegt einer groben Täuschung.

Wenn du nicht an deinem Ego haftest
und dein Geist geläutert ist,
tötest du diese Menschen in Wahrheit
nicht
und wirst durch das Töten nicht
gebunden.

Im folgenden gibt Krishna weitere Beispiele für die Ausprägung der drei Gunas der Natur in verschiedenen Bereichen. Er beschreibt drei Formen der Erkenntnis, des Handelns, des handelnden Menschen, des Verstandes, der Willenskraft und der Freude. Kein Wesen, nicht einmal die Götter, ist von diesen drei Grundkräften frei.

Anschließend geht Krishna auf die Pflichten der vier Hauptkasten der hinduistischen Gesellschaft ein und betont die Notwendigkeit, daß jeder seine eigene Pflicht erfülle. Dann wiederholt er noch einmal die wichtigsten Punkte seiner Lehre und verkündet, wie der Mensch durch nichtverhaftetes Handeln und Hingabe an das Göttliche zur höchsten Vollkommenheit gelangt.

Zum Schluß fragt er Arjuna, ob er »mit konzentriertem Geist« seinen Worten zugehört habe. Dieser antwortet:

Zerstört ist meine Verblendung.
Deine Gnade verlieh mir die Erkenntnis.
Ich stehe fest, aller Zweifel enthoben.
Ich werde tun, was du gesagt hast.

In den letzten fünf Versen preist der Erzähler Sanjaya das wunderbare Gespräch zwischen Gott und seinem hingebungsvollen Schüler Arjuna. Er beendet seinen Bericht und damit die Bhagavadgita mit den Worten:

Wo Krishna, der Herr des Yoga,
und wo Arjuna, der Bogenschütze, sind,
da walten fürwahr
Glück, Sieg, Wohlstand und Ordnung.

Knaur®

SPIRITUELLE WEGE

TAO
Band 86051

I GING
Band 86053

DIE BOTSCHAFT JESU
Band 86056

DER WEG EINES PILGERS
Band 86057

Rumi
OFFENES GEHEIMNIS
Band 86064

Swami Prabhavananda
DIE BERGPREDIGT IM LICHTE DES VEDANTA
Band 86067

Paramahansa Yogananda
DAS WISSEN DER MEISTER
Band 86071

WHITE EAGLE
Lesebuch
Band 86072

CHASSIDISCHE WEISHEIT
Band 86073

Joachim Pongratz
QI-GONG IM ALLTAG
Band 86075

Jack Kornfield
DIE LEHREN BUDDHAS
Band 86094

BHAGAVADGITA
Band 86100

J. Donald Walters
GEHEIMNISSE DES LEBENS
Band 86105

Paramahansa Yogananda interpretiert die
RUBAIJAT DES OMAR CHAJJAM
Band 86111